2. Auflage 2017

Erschienen bei FISCHER Duden Kinderbuch

© 2015 S. Fischer Verlag GmbH,
Hedderichstr. 114, D-60596 Frankfurt am Main
„Duden" ist eine eingetragene Marke
des Verlags Bibliographisches Institut GmbH, Berlin.

Fachberatung: Ulrike Holzwarth-Raether
Gestaltungskonzept: Farnschläder & Mahlstedt, Hamburg
Layout: Michelle Vollmer, Mainz
Umschlagkonzept: Frauke Schneider, Wittighausen
Umschlagillustration: Sandra Reckers

Druck und Bindung:
Grafisches Centrum Cuno GmbH & Co. KG, Calbe
Printed in Germany
ISBN 978-3-7373-3253-8

Silbe für Silbe
Geschichten für Tierfreunde

Hanneliese Schulze, Susanna Moll
mit Bildern von Alexander Steffensmeier
und Sandra Reckers

FISCHER Duden Kinderbuch

Inhalt

Finn und Lili auf dem Bauernhof
Hanneliese Schulze
mit Bildern von Alexander Steffensmeier   5

Neue Nachbarn für Ole
Susanna Moll
mit Bildern von Sandra Reckers   35

Finn und Lili auf dem Bauernhof

Finn und Lili lieben Tiere.
Vögel und Hamster und Frösche.
Aber auf einem Bauernhof
waren sie noch nie.

Heute machen sie
einen Ausflug
zu einem Hof
nur für Kinder.
Eltern können dort
gemütlich Kuchen essen.

Auf der Fahrt
sagt Lili:
„Hoffentlich gibt es
dort auch Pferde."
„Und Schweine!",
ruft Finn.

Bauer Boll erwartet sie schon
vor dem Bauernhof.
Ein kleiner Hund
läuft hinter ihm her.

Er schnüffelt an Finns Füßen.
Er schnüffelt an Lilis Bauch.
Dann an Papas Hose.
Und Mama bellt er an: „Wuff."

„Aus, Rufus", sagt Bauer Boll.
Aber Rufus schnüffelt weiter
und bohrt seine Nase
in Mamas Picknickkorb.

„Gehst du wohl weg!", sagt Mama
und stellt den Korb
auf einen Tisch.
„Das ist unser Essen!"

„Da, guckt mal!", sagt Lili.
Drei Ziegen laufen langsam
am Haus entlang
und fressen die Blumen auf.

„Na, na!", ruft Bauer Boll
und scheucht sie weg.
„Ziegen fressen einfach alles",
seufzt er.

„Hast du Hühner?", fragt Finn.
„Ja", sagt Bauer Boll.
„Ich zeige sie euch."
Sie gehen in den Hühnerstall.

Die Hühner fliegen und gackern aufgeregt durcheinander.
„Wollt ihr die Hühner füttern?", fragt Bauer Boll.

„Beißen die nicht?",

will Lili wissen.

Bauer Boll lacht. „Keine Angst.

Hühner haben keine Zähne."

Ein Huhn pickt aus Lilis Hand.
„Wie das kitzelt", kichert Lili.
„Nebenan wohnt Rosi",
sagt Bauer Boll. „Kommt mit."

Er macht leise „Pst!"
und öffnet die Tür.
Finn und Lili
huschen hinterher.
„Uh, hier stinkt es",
flüstert Lili.

Hinter einer
kleinen Mauer
liegt eine
riesige Sau
im trockenen Stroh.
Mit zwölf winzigen Ferkeln.

„Hat die viele Kinder",
staunt Finn.
„Darf ich mal eins anfassen?"

„Klar", sagt Bauer Boll
und holt zwei Ferkel raus.
Eins für Finn und eins für Lili.
„Oh, wie süß!", jubelt Lili.

Aber die Ferkel
finden es gar nicht süß.
Sie zappeln und quieken
laut nach ihrer Mama.

Das Ferkel von Lili
pinkelt sogar vor Angst
auf Lilis schönes Hemd.
„Iiiiih!", schreit Lili.

Rosi steht
polternd auf,
sodass die anderen Ferkel
alle durcheinanderpurzeln.
Sie grunzt laut
und aufgeregt.

Bauer Boll krault
Rosis Kopf
und legt die Ferkel
ruhig ins Stroh zurück.
Da ist es wieder
still im Stall.

Bei Molli und Wolli,
den dicken Schafen,
können sich Finn und Lili
von dem Schreck erholen.

„Sind die weich", sagt Finn.
„Werden die auch geschoren?"
„Ja, aber erst im Frühling",
antwortet Bauer Boll.

„Aus der Wolle kann man Pullover und Socken stricken. Und aus der Milch der Schafe macht mein Nachbar Käse."

Dann streicheln sie noch
Max und Moritz, die Ponys.
„Da hast du deine Pferde",
lacht Finn.

Später fragt Lili:
„Dürfen wir mal
mit dem Traktor fahren?"
„Gerne", sagt Bauer Boll.

Er fährt Finn und Lili
zu den Eltern zurück.
Mama packt gerade
das Picknick aus.

„Nanu", sagt sie,

„wo sind denn die Würstchen?"

Alle helfen suchen.

Da hört Finn ein Schmatzen.

Rufus sitzt unter dem Tisch.
„Du Dieb!", schimpft Mama.
„Wuff", bellt Rufus
und wedelt mit dem Schwanz.

Neue Nachbarn für Ole

Ole steht im Garten.
Er guckt über den Zaun.
Da ziehen neue Leute
ins Haus nebenan.

Flupp hechelt.

Flupp ist neugierig

und springt neben Ole.

Flupp ist Oles Hund.

Ole hat Flupp
zu Weihnachten bekommen.
Flupp ist das beste Geschenk
auf der ganzen Welt!

Plötzlich ist Flupp
auf der anderen Seite.
Er ist unter dem Zaun
durchgekrochen.

Da steht
ein Mädchen
und streichelt Flupp.
„Hallo",
sagt sie.
„Ich heiße Maja."

„Das ist mein Hund",
sagt Ole.
Er klettert über den Zaun
und holt Flupp nach Hause.

„Tschüs dann", sagt Maja.
Aber Ole hat nichts gehört.
Er muss Flupp jetzt schnell
etwas zu fressen geben.

Am nächsten Tag gehen
Ole und Flupp spazieren.
Aus dem Nachbarhaus
kommt Maja mit einer Leine.

An der Leine geht eine Katze.

„Komm, Leni", sagt Maja,

„wir schauen uns mal

die Gegend an."

„Oje, Flupp", sagt Ole,
„schnell weg hier."
Hunde hassen Katzen.
Das weiß Ole.

Aber Flupp bellt,
damit Maja und Leni
ihn bemerken.
„Oh, hallo", sagt Maja.

Ole geht schnell weg.
Aber Flupp kommt nicht mit.
Er steht neugierig am Zaun
und wartet auf die Nachbarn.

Maja streichelt Flupp.
Leni faucht und versteckt sich hinter Majas Rücken.
„Ist der süß!", ruft Maja.

„Der ist
überhaupt nicht süß",
ruft Ole.
„Flupp ist der brutalste
Katzenkiller des Viertels!"

Flupp schnuppert

an Leni

und knurrt nur ganz leise.

Leni schnuppert

an Flupp

und faucht nicht mehr.

„Wir wollen zum Bach",
sagt Maja und läuft los.
„Das geht nicht", sagt Ole,
„dahin wollen wir schon."

Ole denkt:

„Eine Katze an der Leine –

so ein Blödsinn!"

Flupp braucht keine Leine.

Nur jetzt hätte Ole gerne
eine superdicke kurze Leine.
Damit Flupp endlich wieder
neben ihm geht.

Maja will wissen,
wie Ole heißt.
Ole sagt es ganz leise.
Maja versteht es trotzdem.

Sie kommen an den Bach
und Flupp hopst hinein.
„Tja", sagt Ole,
„das können Katzen nicht."

„Leni könnte", sagt Maja.
„Sie will nur nicht."
Leni sieht ängstlich aus.
Ole streichelt sie mal kurz.

Da kommt Flupp heraus
und spritzt alle nass.
Maja lacht
und Ole lacht auch.

Maja erzählt: „Ich habe
Leni seit dem Winter.
Sie ist das beste
Weihnachtsgeschenk der Welt!"

Als Ole und Maja zurückkommen,
stehen ihre Mütter am Zaun.
Sie unterhalten sich wohl
schon eine ganze Weile.

„Das ist also Maja",
sagt Oles Mutter.
„Wollt ihr ein
Stück Kuchen
bei uns essen?"

Ole kann gar nichts sagen,
denn Maja ruft schon:
„Au ja, gerne!"

Flupp rennt wie verrückt herum.
Dann rast er ins Haus.
Er will Leni wohl zeigen,
wo er wohnt.

Es gibt Erdbeertorte.
Flupp bekommt Hundekuchen
und Leni einen Klecks Sahne.
Jetzt essen alle.

„Schaut mal", sagt Ole.
„Da auf dem Teppich sitzen
die beiden besten
Weihnachtsgeschenke der Welt!"

Mit der Silbenmethode lesen lernen

In den vorliegenden Geschichten sind die Sprechsilben farbig voneinander abgehoben. Diese Markierung hilft Leseanfängern dabei, sich vom einzelnen Buchstaben zu lösen und zu größeren Leseeinheiten zu gelangen. Der Sinn der Wörter lässt sich dadurch leichter erschließen.

In den meisten Fällen entsprechen die Sprechsilben der möglichen Worttrennung am Ende einer Zeile. Dies ist jedoch nicht immer der Fall. Einen wesentlichen Unterschied gibt es bei Wörtern mit Sprechsilben aus nur einem Vokal (aber, Ole, über). Einzelne Vokalbuchstaben am Wortanfang oder -ende werden nach der aktuellen Rechtschreibung nicht getrennt.